T0042458

# Nuestra huella
# humana

**EDICIÓN PATHFINDER**

Por Barbara H. Seeber

## CONTENIDO

# Nuestra hu

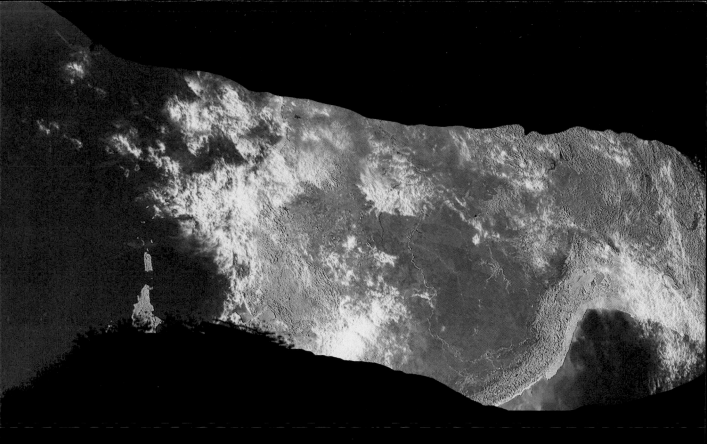

# ella humana

¿Qué tan grande es el impacto que tiene
una persona en el planeta? La autora
decidió averiguarlo. Descubrió
que todas las camisetas que
compramos, las hamburguesas
que comemos y las largas
duchas que nos damos
se van sumando.

Por Barbara H. Seeber

**No arrojo basura en la calle ni ensucio el planeta.** *En realidad creo que proteger el medio ambiente es fantástico, pero la verdad es que no conocía el efecto que tienen las cosas que hago.*

*Estoy hablando de la huella que dejo, es decir, todo lo que compro, uso o arrojo a la basura. Todo lo que hago afecta la salud de la Tierra. Esa es una buena y también una mala noticia.*

## El viaje de la basura

Esta es la mala noticia. En promedio, cada persona de los Estados Unidos produce más de dos kilogramos (casi cinco libras) de basura por día.

La mayor parte se entierra en **rellenos sanitarios** apestosos y se guarda allí hasta que se descompone. Algunas cosas tardan cientos y hasta miles de años en **descomponerse** por completo.

Algunos residuos se queman en incineradores u hornos. En ese proceso, se eliminan humo y sustancias químicas al aire.

Algunos residuos caen en las alcantarillas y terminan en los ríos y océanos. Incluso las personas que escalan montañas dejan basura a su paso. El monte Everest es la montaña más alta del mundo, ¡y también es el basurero más alto!

La basura es solo parte del problema. Los recursos naturales de la Tierra son la otra parte. Las personas **consumen** muchos recursos. Usamos petróleo para producir gasolina y plástico. Extraemos carbón para producir energía y aluminio para fabricar latas. Usamos agua para cosechar cultivos y para ducharnos. Los estadounidenses representan el 5% de la población mundial; sin embargo, usan el 26% de toda la energía que se usa en el mundo.

Una persona promedio en los EE.UU. consume mucho durante la vida. Echa un vistazo abajo para saber más.

5054 periódicos

## Aire caliente

Las **emisiones de carbono** de una persona también afectan a la Tierra. Es la cantidad de dióxido de carbono ($CO_2$) que una persona **elimina** o envía a la atmósfera. No me refiero al poco aire que exhalamos, sino a las grandes cantidades de $CO_2$ que emitimos cuando usamos energía.

Producimos $CO_2$ principalmente cuando quemamos carbón, petróleo o gas y usamos esos combustibles para hacer que funcionen nuestros automóviles e iluminar las casas, entre otras cosas. Cada familia estadounidense envía alrededor de 68 kilogramos (150 libras) de $CO_2$ al aire cada día.

**34.000 libras e ropa para lavar**

**13.056 pintas de leche**

**14.518 dulces**

**28.433 duchas**

## Llevando la cuenta

Puede parecer desalentador pero también hay buenas noticias. ¡Puedo hacer algo al respecto! No es necesario arrojar tanta basura. Puedo usar menos recursos y menos energía. No tengo por qué malgastar. Puedo reducir mi huella.

Primero, tengo que saber qué tan grande es mi huella. Controlaré mis hábitos diarios, es decir, cómo hago las cosas generalmente, y veré cómo se relacionan con la basura, la energía y los recursos naturales. ¿Qué hago todos los días? ¿Cómo afectan mis decisiones al planeta? ¡Creo que voy a llevarme una sorpresa!

**A sacar la basura.** *Las personas de los EE.UU. producen tanta basura que la exportan o envían a otros países.*

**A llevarse la basura.** *Los estadounidenses consumen mucha comida rápida y otros alimentos preparados. Las bolsas, las cajas y los envases se acumulan en los rellenos sanitarios.*

## Comienzo temprano

Cada día, apenas me levanto, reviso mis correos electrónicos. ¡Ay no! Dejé la computadora encendida toda la noche. Así se gasta energía.

La computadora usa energía, incluso cuando está apagada. Se llama energía de reserva, pero hay una manera de detener esto. Hay que desenchufar la computadora. De hecho, muchos artefactos siguen gastando energía cuando están enchufados, aun apagados.
Por eso, también desenchufo los cargadores de mi celular y otros aparatos eléctricos.

Siguiente parada: la ducha. Me encantan las duchas largas y calientes, pero hoy tomo una ducha corta y tibia. No estuvo tan mal.
La buena noticia es que ahorré agua y energía.

También decido ir a trabajar en bicicleta. El automóvil promedio estadounidense lanza al aire alrededor de una libra de $CO_2$ por milla. Usar mi propia energía me ayuda a mí y al planeta.

## Lecciones en el almuerzo

Al mediodía, guardo mi almuerzo en un recipiente reutilizable. Es un cambio.
La semana pasada, guardé mi sándwich en una bolsa de plástico. Después arrojé la bolsa y una botella de agua de plástico a la basura.
No ensucié, pero tampoco estuvo bien crear más residuos. ¿Por qué?

Se usan 12 millones de galones de petróleo para hacer las bolsas de plástico que se usan en los EE.UU. en un año. Son muchos recursos naturales. Además, los estadounidenses tiran a la basura 100 mil millones de bolsas de plástico por año. Muchas de ellas terminan en los rellenos sanitarios, al igual que las botellas de plástico. Aunque muchas personas **reciclan** las botellas, la mayoría de la gente aún no recicla. Por eso, la mayor parte de las botellas de plástico también se arrojan en los rellenos sanitarios. Tardan miles de años en descomponerse. Además, las fábricas de plástico usan mucha energía y producen mucho $CO_2$. Bueno, eso fue la semana pasada. Esta semana, voy a tratar de mejorar.

## ¿Lo necesito o lo quiero?

Más tarde, voy al centro comercial en bicicleta.
¡Qué bonita es esa camiseta naranja! La quiero,
pero se necesitan algodón, sustancias químicas
y cientos de galones de agua para hacer una
camiseta. Además, esta viajó miles de millas
desde China. ¡Uy! Mejor voy a esperar hasta
que necesite verdaderamente ropa nueva.

También decido no comprarme un teléfono
móvil por ahora. Las sustancias químicas de las
baterías viejas pueden causar problemas en los
rellenos sanitarios. También pueden filtrarse en
el suelo y el agua y así producir contaminación.
Por suerte, los teléfonos móviles pueden
reciclarse. Voy a hacer eso cuando de verdad
necesite comprar uno nuevo.

Ahora tengo hambre. Voy a comer una
hamburguesa. ¡Qué rica! Pero luego siento
un revuelto en el estómago. Bolsa de papel,
vaso, sorbete, envoltorio, cubiertos de plástico,
servilleta, la basura se va acumulando.

También tengo que pensar qué sucede
cuando se hacen las hamburguesas. Las vacas
necesitan comida y agua. El pan y la carne
deben procesarse, enviarse, almacenarse y
cocinarse. Pero ahora ya lo sé.

**¿Comprar o no comprar?** *Compra sólo
lo que necesitas. Se necesitan sustancias
químicas y miles de galones de agua para
hacer una camiseta.*

## La luz al final del camino

Ya vuelvo a casa, pero todavía puedo tomar
buenas decisiones. Puedo reemplazar los focos
de luz de 60 watts con luces fluorescentes de
15 watts. Esos usan menos energía y duran más.

Es hora de analizar mi día. Cometí algunos
errores pero también tomé buenas decisiones.
Produje menos basura. Usé menos energía.
Conozco más maneras de usar menos recursos
de la Tierra. Poco a poco, todo suma.

Apago mi lámpara de noche. Toco
accidentalmente el foco, pero no está caliente.
Sólo usa energía para producir luz, no calor.
¡Eso es fantástico! Mientras me duermo, me
siento feliz. Hoy reduje mi huella.

## Reciclaje extremo

Nadie dijo que reducir mi huella iba a ser fácil. Algunos días, me pregunto si lo poquito que hago puede marcar una diferencia. Pero después me acuerdo de que no estoy sola.

En todo el mundo, muchas personas están participando. En todos lados, aparecen más amigos de la Tierra. Si trabajamos juntos, podemos provocar un gran impacto.

En 2001, algunos estudiantes de la Universidad de Nueva Jersey crearon una empresa de reciclaje diferente. Estos recolectores de residuos descubrieron una mina de oro, una manera de ganar dinero, en la basura de la nación.

Ahora recolectan basura de aproximadamente 20.000 escuelas. ¿Qué hacen con diez millones de envases de bebidas, 50.000 envoltorios de barras alimenticias, un millón de envoltorios de galletas y más? ¡Hacen juguetes y útiles escolares!

Las cajas de cereales se convierten en cuadernos. Los periódicos se transforman en lápices. Los envoltorios de galletas vuelan en lo alto en forma de cometas. Me alegra que alguien convierta la basura en tesoros.

## La gente de la basura

Convertir la basura en arte es otra idea fabulosa. El artista alemán HA Schult hace gente de basura. Las caras son latas viejas. Los torsos están hechos con computadoras. Con tiras de vasos de plástico, botellas y teléfonos móviles, hace piernas y brazos brillosos y desiguales.

Schult hizo 1000 de estas esculturas de tamaño real. Las colocó en lugares por todo el mundo. En las pirámides de Egipto, la Gran Muralla de China y hasta en National Geographic en Washington D.C. ¿Qué crees que está tratando de decirnos?

**Gente de basura.** *Un artista ingenioso convierte la basura en esculturas.*
*Las esculturas de la gente de basura se expusieron en todo el mundo, incluso cerca de los Alpes suizos.*

**Lo viejo es nuevo otra vez.**
*Las personas vuelven a usar los envoltorios de los dulces para hacer carteras y reciclan el vidrio para hacer brazaletes.*

## Aprovechando la basura

En Sídney, Australia, una fábrica funciona horas extra. No fabrica productos nuevos. En realidad, usa la producción en cadena para desarmar. ¿Qué está desarmando? La basura de Sídney.

Los camiones traen toneladas de basura. Después, empiezan a funcionar equipos de alta tecnología. Unos brazos robóticos vacían las bolsas de basura. Los trabajadores retiran el plomo, el mercurio y otras sustancias tóxicas o venenosas de los materiales. Corrientes eléctricas empujan los metales reciclables hacia un contenedor. Con un propulsor de aire, se colocan el papel y el plástico en otros contenedores.

Lo que sobra se coloca en un tanque. Otros residuos se convierten en gas. Otros se transforman en abono o fertilizante. Al final, alrededor del 75 por ciento de la basura de Sídney se recicla. Solo el 25 por ciento se entierra en rellenos sanitarios. ¡Esa empresa definitivamente se merece un gran aplauso!

1. Viaja en bicicleta, automóvil compartido o caminando. Un automóvil emite alrededor de una libra de $CO_2$ por milla.

2. No uses el auto-servicio. Un motor en funcionamiento elimina más $CO_2$ que si se vuelve a encender el automóvil.

3. Apaga las luces y el televisor cuando no estés en la habitación. La energía necesaria para mirar una hora de televisión emite media libra de $CO_2$.

4. Toma duchas más cortas. Una ducha usa alrededor de cinco galones de agua por minuto.

5. Usa bolsas reutilizables. Las bolsas de plástico que arrojamos pueden terminar en el océano. Si los animales las comen, pueden enfermarse.

6. Compra cosas con menos envoltorio. Alrededor de un tercio de lo que arrojamos a la basura son envoltorios.

7. Recicla. Cada tonelada de papel reciclado ahorra 8000 galones de agua y salva 17 árboles.

8. Planta un árbol. Un árbol absorbe alrededor de 48 libras de $CO_2$ por año.

## VOCABULARIO

**consumir:** usar combustible, energía o recursos

**descomponer:** deshacer

**emisión de carbono:** cantidad de dióxido de carbono que una persona envía a la atmósfera

**emitir:** enviar cosas a la atmósfera

**reciclar:** procesar cosas de modo que puedan volver a usarse

**relleno sanitario:** basura que se entierra y cubre con tierra

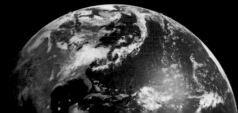

# ¿QUÉ TAN GRANDE ES TU HUELLA HUMANA?

Tú puedes cambiar la Tierra según lo que compras, usas o arrojas a la basura. Eso se conoce como tu huella humana. Tú puedes decidir cómo cambiar tu huella.

## Ahorra agua

Usamos agua para hacer casi todo lo que comemos o usamos. Algunos científicos descubrieron cuánta agua se necesita para fabricar el equivalente a un dólar de algunos de los productos que usamos todos los días. ¿Cuánta agua se necesita para producir un dólar de algodón? Se necesitan 4291 litros, o 1300 galones, de agua. ¿Y el equivalente a un dólar de electricidad? Se necesitan 1703 litros. Son 450 galones de agua.

Se puede ver de otra manera. Se necesitan 24.000 litros, o 6334 galones, de agua para cosechar el alimento para una vaca. Esa vaca se usará para hacer una hamburguesa de 0,1 kilogramos (1/4 de libra). Y también se usa más agua para hacer el queso, el pan y la salsa de tomates que se colocan en la hamburguesa.

**En lugar de usar bolsas de plástico, usa una bolsa reutilizable. De ese modo, se ahorra energía y se reduce la cantidad de basura.**

## Ahorra energía

Al tomar las decisiones correctas, puedes causar un gran impacto en nuestro medio ambiente. Por ejemplo, ¿usas bolsas de plástico? La mayoría de las personas las usa. Piensa en todo lo que se hace con las bolsas de plástico. Se llevan las compras en bolsas de plástico. Se guarda el almuerzo en bolsas de plástico. También se coloca la basura en bolsas de plástico. Todas esas bolsas se acumulan rápidamente, al igual que los recursos naturales que usamos para fabricarlas.

En todo el mundo, las personas usan muchas bolsas de plástico. Algunos científicos calculan que las personas usan entre 500 mil millones y un billón de bolsas de plástico cada año. Si cada una de esas bolsas fuera del tamaño de las bolsas de plástico que se usan en el mercado, llegarían desde la Tierra a la Luna 400 veces.

También se necesita mucha energía para hacer bolsas de plástico. ¿Sabías que en los Estados Unidos se necesitan 12 millones de galones de petróleo para hacer las bolsas de plástico que se usan en un año?

En lugar de usar bolsas de plástico que después arrojas a la basura, usa una bolsa reutilizable. De ese modo, ahorras los recursos, como el petróleo, necesarios para hacer el plástico. También se ahorrará energía y se producirá menos basura.

## Reduce los desechos

También puedes comprar productos que tienen menos envoltorios. Con menos envoltorios, se usa menos papel y plástico. La mayoría de las personas arrojan los envoltorios a la basura después de abrir un producto. Puedes asegurarte de reciclar el envoltorio de papel y plástico de todo lo que compras. Si reciclamos el papel, se salvarán más árboles y también agua. Con una tonelada de papel reciclado se salvan 17 árboles y se ahorran 30.283 litros (8.000 galones) de agua.

Cuidar el planeta puede parecer mucho trabajo. Lo es. Pero se puede empezar con pequeños pasos. Todo empieza contigo. Puedes decidir qué comprar, qué reciclar y qué volver a usar. Puedes cambiar tu huella humana. Si todos toman las decisiones correctas, todos podremos vivir en un planeta sostenible.

x400

BOLSAS DE PLÁSTICO

LA LUNA

LA TIERRA

**Larga distancia.** *Un billón de bolsas de plástico llegarían desde la Tierra a la Luna 400 veces.*

11

# Reduce, reutiliza, recicla

**Reduce tu huella humana y responde estas preguntas.**

**1** Describe las tres cosas que forman una huella humana.

**2** ¿Qué sucede con la basura después de arrojarla?

**3** Según tu opinión, ¿cuáles son las tres mejores maneras de reducir tu huella humana? Explica tus elecciones.

**4** ¿De qué maneras las personas reutilizan la basura en el mundo?

**5** ¿Cómo te ayuda el diagrama de la página 11 a comprender la cantidad de bolsas de plástico que se usan en un año?